Perdonar:
La Llave
del Reino

OTROS LIBROS POR JOHN-ROGER, D.C.E.

Para más información, contactarse con el

Movimiento del Sendero Interno del Alma

MSIA

P.O. Box 513935,

Los Angeles, CA. 90051-1935 – EE.UU.

Teléfono: (323) 737-4055 en EE.UU.

pedidos@msia.org

www.msia.org

JOHN-ROGER, D.C.E.

Perdonar:

La Llave
del Reino

Prólogo por John Morton, D.C.E.

MANDEVILLE PRESS
Los Angeles, California, EE.UU.

Traducción por Selene Soler
Revisión de la edición de 2000 por Jesús Becerra
Coordinación de la edición de 2013 por Nora Valenzuela
Revisión por Mónica Valenzuela

Publicado por Mandeville Press
P.O.Box 3935
Los Angeles, CA 90051
EE.UU.
Email: jrbooks@msia.org

Visita nuestro sitio web *www.msia.org*

Impreso en los Estados Unidos de América
ISBN 978-1-936514-79-3

"Entonces, Pedro se acercó a Jesus y le preguntó:

—Señor, ¿cuántas veces pecará mi hermano contra mí y yo le perdonaré? ¿Hasta siete veces?

Jesús le contestó:

—No te digo hasta siete, sino hasta setenta veces siete."

Mateo 18:21-22, NVI

"No juzguéis y no seréis juzgados.

No condenéis y no seréis condenados.

Perdonad y seréis perdonados".

Lucas 6:37, NVI

"Y Jesús dijo:

*—Padre, perdónalos, porque
no saben lo que hacen".*

Lucas 23:34, NVI

Prólogo

En un mundo en donde encontramos tanto dolor, tanta violencia e injusticia, así como incontables conflictos, necesitamos una profunda determinación. El perdón, aunque siempre disponible, a menudo se descarta o ni siquiera se considera.

Perdonar sana las heridas del pasado que no se pueden modificar, limpiando aquello que pudiera estar contaminado, sellándolo para dejarlo en paz.

El perdón, a diferencia de la creencia de muchos, no absuelve a las personas de su responsabilidad ni permite que sus fallas se perpetúen. Más bien, libera las bendiciones de Dios frente a las garras de la angustia y la censura. Debemos perdonar nuestros errores que no reflejan la verdad y nos desvirtúan, para recordar siempre que lo mejor está aún por llegar.

John-Roger, con su profunda humanidad y su sabiduría compasiva, esclarece cómo el perdón desbloquea los confinamientos del corazón. Con gran sencillez, cada pasaje de cada página nos guía desde un estado de no saber cómo ser libres hasta el amor que todo lo vence. Perdonar: La llave para vivir en la gracia.

John Morton
Octubre de 1998

Prefacio

Perdonarnos ciertamente parece ir contra la esencia misma de nuestro condicionamiento humano. Nada más pensarlo puede provocar sentimientos de desvalorización o de escepticismo de que pudiera servir para algo. Pero si reconocemos que somos, sin duda, seres divinos hechos a la imagen de Dios, la idea deja de parecer tan disparatada, y cuando vemos la vida desde esa perspectiva más elevada, la idea de aferrarnos a juicios y buscar venganza o retribución comienza a parecer mucho más rara.

Este libro tiene por objetivo guiarnos para que nos volvamos a ver como seres sagrados, espirituales, a quienes se les ha dado el regalo de la creación. Podemos usar este regalo para crear de manera positiva o negativa. A menudo, cuando vemos nuestra creación negativa o sus consecuencias —por ejemplo, cuando nos hemos enojado y hemos herido los sentimientos de alguien a quien amamos— es fácil sentirnos mal y juzgar nuestras acciones y a nosotros mismos. Desafortunadamente, ese tipo de enfoque sirve solamente para multiplicar la negatividad.

Castigarnos a nosotros mismos como una forma de equilibrar la acción a través de la ley "ojo por ojo, diente por diente", es una elección pobre. Perdonar es la elección superior. Es elegir el camino en el cual la gracia nos protege. Y es el camino que ha sido preparado para nosotros por los grandes maestros espirituales que se han presentado y han demostrado la conciencia del Cristo.

¿Cómo, entonces, te perdonas a ti mismo? Lo primero que puedes hacer es simplemente decir: "Me perdono", y luego dejar ir lo que te está molestando. Si lo deseas, puedes agregar: "Dejo ir esto hacia la Luz, para el mayor bien", o: "Le entrego esto a Dios".

¿Cómo sabes si lo has soltado realmente? Puede que te encuentres respirando profundamente, que tengas una experiencia de liviandad, o sencillamente que te sientas mejor adentro. Pero también puede que no sientas nada. Esto no significa que no haya sucedido nada; sin embargo, si todavía sientes una falta de equilibrio o negatividad, tal vez necesites ser más específico o más preciso con tu perdón.

Por ejemplo, puedes decir: "Me perdono por juzgar a mi padre por no darme el amor que yo quería", o:

"Me perdono por juzgarme, al no sentir que merecía el amor de mis padres". Intenta muchas posibilidades, y ten en cuenta que ayuda mucho ser sincero, honesto y directo contigo mismo.

Nota que cada frase comienza con "Me perdono". El motivo es que estamos responsabilizándonos por la negatividad o el desequilibrio a que nos hemos aferrado. Podemos decir que perdonamos a las otras personas, pero en realidad, a ellas ya las ha perdonado Dios, por lo que no es necesario. Dios también nos ha perdonado a nosotros, pero continuamos acarreando el peso de la negatividad, así que es necesario que nosotros nos perdonemos.

Aunque la persona a quien hemos juzgado tal vez ya no forme parte de nuestras vidas, o incluso puede que haya muerto, es posible que todavía la llevemos adentro, y no como el ser divino que es. Así que es en nuestro interior donde debemos hacer las paces con ella, y el perdón es una de las formas más efectivas de hacerlo.

Es una buena costumbre, antes de irte a dormir, hacer una revisión rápida del día y perdonarte por cualquier cosa que sigas teniendo en la mente o que te esté molestando. También puedes hacerlo durante el día, cada vez que notes que te estás juzgando, para que, como ha dicho J-R, vivas en un estado constante de perdón.

A veces, sin embargo, no queremos perdonarnos o estamos tan separados de nuestro amor que no sabemos por dónde empezar. Cuando esto me sucede, utilizo las siguientes palabras de John-Roger para volver a centrarme: "Lo que tenemos que hacer, básicamente, es perdonarnos por olvidar que somos seres divinos. Ése es el verdadero mensaje para reabrir el canal que nos lleva de regreso al Espíritu".

John-Roger ha dicho muchas veces que la tarea de Dios es perdonar. Y cuando miro a mi alrededor y observo nuestra vida en este planeta, a menudo he pensado que tal vez nuestra tarea sea asegurarnos de que Dios pueda continuar realizando la suya. Pero, por otro lado, tal vez Dios nos puso aquí, porque quería que Sus hijos recibieran el entrenamiento necesario para poder llevar a cabo Su tarea.

Paul Kaye

Perdonar:

La Llave
del Reino

La Moneda en tu Bolso

Cierta vez, una persona se acercó a Jesús y le dijo:

—Mira todas las cosas horribles que esta gente te ha hecho. Señor, paguémosle con la misma moneda.

Y Jesús dijo:

—Tengo que pagarles con la moneda que llevo en mi bolso.

¿Cuál era esa moneda? Amor y perdón.

¿No sería grato que llevaras esa moneda en tu corazón? Amor y perdón. ¿Sabes lo que significa realmente perdonar? Arrepentirte de tu juicio, olvidar que juzgaste y continuar adelante con tu vida.

Y si cometes un error, aprende de él. Puedes castigarte, pero escucha: cuando estás caído, lo que menos necesitas es a alguien que te pise la cara. Cuando estás caído, no necesitas que alguien te diga lo mal que se te veía mientras caías.

La Moneda en tu Bolso

(Continuación)

¿Qué necesitas cuando estás caído? Una mano que te ayude. Necesitas buenos pensamientos en tu interior para equilibrar los malos pensamientos. Y más vale que tengas un arsenal de afirmaciones que te saquen de cualquier situación, te apoyen y te den un empujoncito para ayudarte a seguir adelante.

Vive tu Vida
Lo Mejor que Puedas

*V*ive tu vida lo mejor que puedas. Puede ser difícil, aun en tus mejores días, pero igual vívela y trabaja lo mejor que puedas y reconócete por hacerlo.

Y si tienes fallas, está bien. No te concentres en ellas; trabájalas. Si solamente te fijaras en tus fallas, probablemente no sentirías que vales lo suficiente como para estar aquí, porque verías los errores de tu comportamiento y las imperfecciones de tu cuerpo. Así que concéntrate en el buen trabajo que haces y corrige las fallas sobre la marcha.

El pensar negativo que podemos mantener dentro de nosotros es, en realidad, una demostración de gran poder mental. ¿Qué pasaría si decidiéramos colocar ese poder en una acción positiva y enfocarnos en la esencia que hay detrás de todas nuestras acciones, que es amar, cuidar y compartir, tener buena salud, abundancia y felicidad, también prosperidad, abundancia y riquezas para todos? Y adentro, estamos practicando la trascendencia del Alma. Y cuando no lo hacemos, estamos amando, cuidando y compartiendo.

Mira a Través de la Gracia

*L*a gracia es la forma sin forma de Dios, o la esencia.

Detrás de todo aquel que es negativo, hay una súplica por amor y comprensión.

Detrás de cada acusación, hay una súplica por ayuda.

Si miramos a través de la gracia, vemos cómo darle a esa persona los medios que necesita para liberarse de su prisión, que es la ley, e ir hacia aquello que no tiene forma, que es vivir, amar, cuidar y compartir la belleza y el agradecimiento por la vida.

Eso incluye a Dios en toda Su sabiduría, toda Su infinitud, toda Su compasión y todo el sustento que nos da, mientras atravesamos los aspectos negativos y positivos de nuestra vida.

Cristo es Perdón

Debemos entender que todos tenemos reacciones muy similares al medioambiente de este mundo y por eso podemos brindarle compasión a los demás. A través de esa compasión, entramos en un estado de gracia.

El Cristo es perdón. El amor es perdonar. El amor es para darlo. Dios da todo el tiempo. Si vamos a formar parte de Dios, ¿qué debemos comenzar a hacer? Dar todo el tiempo.

Entonces, nos convertimos en conmutadores de energía divina en este mundo, y el Reino de los Cielos aparece en nosotros y a nuestro alrededor, como nosotros. Y todo lo que queremos se nos concede de una manera noble y honorable, en lo mejor de nosotros y en lo peor de nosotros. Y todo es lo mismo, ya que no existe mejor ni peor cuando estamos en esta dimensión del Espíritu.

Cristo es Perdón
(Continuación)

Porque desde esa perspectiva, vemos que todo lo que hemos hecho, ya sea un sí o un no, algo bueno o algo malo, un juicio o una maldad, ha sido una progresión para aprender, un cumplimiento de karma, una deuda saldada, una experiencia nueva que le da vida a alguien más.

Entonces, comenzamos a regocijarnos en la maravilla de ser parte de una creación que es propia, y de que una forma del Dios creador —de la cual somos una prolongación— pueda tener esa magnificencia, nos conozca uno a uno por nuestro nombre y nos reconozca como la Divinidad. Y en ello tenemos nuestras idas y venidas.

Nunca he llegado a un lugar al cual Dios no haya llegado primero. Aun cuando yo no haya sabido reconocerlo, Él estaba allí. Era mi percepción la que necesitaba ser corregida, no la de Dios.

Someterse a
la Voluntad de Dios

Lo hermoso es saber que la ley de Dios es justa e imparcial. Y, sin embargo, algunos de ustedes pueden decir que Dios debería darles un descanso. Si entras en la gracia del ahora, Dios te dará un descanso. Así que todos los descansos están en nuestras manos y bajo nuestro control.

Es realmente bello saber que estamos controlando nuestro futuro, en el sentido que nos ponemos bajo la guía Divina y hacemos que nuestra voluntad coincida con la voluntad de Dios. No nos quita nada; no perdemos individualidad, no perdemos respeto, no perdemos nada.

Todavía podemos salir, emborracharnos, caernos en una zanja y seguir cumpliendo con la voluntad de Dios, porque nada se nos quita. Simplemente sabemos que lo que estamos haciendo es parte del Plan Divino. Cuando nos apartamos del saber de que todo es parte del Plan Divino, nos emborrachamos y nos caemos, y pensamos que somos unos miserables alcohólicos. O vemos que otro lo hace y decimos: "Qué persona tan terrible. Debería irse al infierno o habría que encerrarla".

Someterse a
la Voluntad de Dios
(Continuación)

Pero cuando aplicamos nuevamente la voluntad de Dios, decimos: "Ahora lo entiendo. Ésta es tu última vida y estás combatiendo la negatividad de esa manera. Déjame que te ayude". Y entonces no nos convertimos en santurrones, sino en gente que practica el bien.

Esclarecimiento

$\mathscr{P}$uedes preguntar: "¿Cómo manejaría Cristo esta situación en la que me encuentro?". Te pones los ojos del Cristo, miras a través de ellos y dices: "Bueno, Cristo haría esto". Y entonces lo haces. Eso es esclarecimiento.

Si te digo que estoy esclarecido y no existe ningún criterio mediante el cual puedas comprobarlo, también podría decirte que soy multimillonario y usar el mismo criterio para que tampoco puedas comprobarlo. Así que es necesario que exista un punto empírico, objetivo, a partir del cual puedas ver el esclarecimiento.

El esclarecimiento no es una luz poderosa que brilla y enceguece a todos. Eso se llama cegar a todos. El esclarecimiento es el proceso mediante el cual te relacionas con la gente a través de la conversación en tus actividades diarias. Y una de las características principales que debemos buscar en el esclarecimiento es el perdón.

Cuando participas en una situación con alguien, debes estar anclado al Espíritu de quien eres para poder volver a salir de ella.

Esclarecimiento
(continuación)

El camino de entrada es el camino de sali-
da. Así que, si paso a paso emites un juicio,
debes salir paso a paso hacia el perdón. En
el juicio está el "oscurecimiento", y en el
perdón está el esclarecimiento.

El Padre que Perdona

¿Te acuerdas de la historia del hijo pródigo que abandonó a su padre, tomó la mitad de su herencia y la desperdició, y cayó en la oscuridad?

El hijo dijo: "Incluso vivir en la casa de mi padre como el más humilde de sus sirvientes es mejor que vivir donde vivo yo ahora", y emprendió su regreso al hogar. En el camino de regreso, se sentía cada vez más emocionado de volver. Y cuando finalmente llegó al hogar, su padre lo vio acercarse e hizo brillar su esclarecimiento sobre su hijo. El padre salió a encontrarlo, se le echó encima besándolo en el cuello y lo guió hacia adentro.

El hijo que había permanecido en el hogar comenzó a caer en la oscuridad, diciendo:

—¿Por qué haces esto con mi hermano, quien se llevó la mitad de tus cosas, se marchó y las desperdició? En cambio, yo me quedé contigo y trabajé para ti.

El Padre que Perdona

(Continuación)

Entonces, su padre le dijo:

—Porque él ha regresado al hogar y todo lo que hizo le fue perdonado. Y tú, hijo, todo lo que yo tengo ya es tuyo.

Lo que el padre no dijo fue: "Y no estropees todo juzgando a tu hermano. Él ya tiene muchas heridas que deben sanarse. Necesita mucho apoyo y cariño".

Ésa es la historia del esclarecimiento.

Internándonos en el Campo de Batalla

Tenemos la oportunidad de participar en nuestra vida como una demostración de amor y cuidado, de compartir y de apoyo. No subiendo a la montaña y permaneciendo guarecidos, sino bajando al campo de batalla. No para pelear, sino para perdonar la pelea.

Un Solo Acorde

$\mathcal{L}$a clave de todo lo que hacemos es vibrar en un solo acorde. Antes de este acuerdo unánime, hay discusión. Una vez que nos ponemos de acuerdo sobre lo discutido y hacemos un compromiso de amor con relación a eso, nos movemos.

Entonces, cuando hablas y haces cosas, encuentras que la gente comienza a ayudarte. Te sientes agradecido, pero no sentirás realmente el agradecimiento hasta que alguien no te pida ayuda a ti y tú se la des. En aquel momento sientes gratitud por el dar y la alegría que surge cuando lo haces libremente.

Sé Agradecido

Es muy importante que te des cuenta de que la actitud que mantienes es la actitud que atrae hacia ti lo que está presente actualmente en tu vida.

Si las cosas en tu vida no están sucediendo de la forma que te gusta, cambia tu actitud y agradece por recibir lo que recibes cuando se presenta.

Dios No Ve la Maldad

Entramos en estado de gracia cuando estamos dispuestos a escuchar y a ver el rosto de Dios donde sea que apa-rezca.

No es fácil hacerlo. Es muy difícil, porque los hábitos de este mundo son muy, pero muy poderosos.

Si mueres en tu "maldad", ¿quién deberá manejarlo? Es asunto tuyo. Lo único que puedes hacer para equilibrarlo es regresar nuevamente. Pero, ¿y si regresas con menos memoria de la que tenías antes y con un cuerpo que quiere contraerse y con una mente y unas emociones que quieren protegerse de todas las cosas horrendas que hiciste? Al no tener memoria, vas a cometer más maldades.

Finalmente te acercas a alguien que dice: "No existe ninguna razón lo suficientemente buena como para negar el cariño". Y, entonces, observas las maldades que haces y las amas, y ellas se convierten en bondades. Es por eso que Dios no ve la maldad, porque Su bondad la transforma.

¿Qué es el Perdón?

*P*regunta: ¿Cuál es el verdadero significado del perdón? Cuando digo: "Perdono", ¿qué estoy diciendo?

Respuesta: Si alguna vez te hirieron y perdonaste, y si dentro de ti le diste la oportunidad de herirte nuevamente a esa persona, entonces de verdad la habías perdonado.

Practicaste el perdón real y verdadero, porque le diste la oportunidad de acercarse a ti otra vez. Eso es perdón. Pero si recuerdas a la persona y lo que dijo y lo que hizo, y el momento en que lo hizo, y dices que la perdonaste, no es cierto.

No perdonas realmente si todavía tienes el recuerdo de la herida.

Qué Pedir
en tus Oraciones

Y entonces, ¿qué vas a pedir en tus oraciones?

Si tu respuesta es: "Voy a rezar para tener todas estas cosas que quiero", más vale que lo pienses bien, porque las escrituras dicen: "Aun antes de que reces, Dios ya sabe lo que quieres y te lo está cumpliendo".

¿Significa esto que estamos quitándole valor a la oración? No. Pero yo tengo mi propio enfoque radical. Me pongo de rodillas y digo: "Dios mío, no quiero que me des nada, pero quiero saber qué quieres tú de mí. ¿Me dirías por favor lo que quieres? Porque ésa es la dificultad que puedo estar teniendo: averiguar qué es lo que me estás dando y que yo no estoy viendo".

Claro, es un poco radical, ¿pero te has detenido a pensarlo? Si Dios ya está dándome todo, incluso antes de que yo lo pida, ¿por qué se me pasan tantas cosas por alto?

Qué Pedir
en tus Oraciones
(Continuación)

Es porque he estado tan atareado pidiendo, que las cosas pasaron a mi lado sin advertirlas.

Debería haber dicho: "Abre mis ojos para que pueda ver". Ésa es la oración, ni más ni menos.

Es muy sencillo, a lo largo de todo el día: "Dios mío, ¿qué quieres de mí?".

Perdónate

$\mathcal{T}$odo lo que otros dicen haber hecho, yo ya lo hice.

Me perdono a mí mismo primero, por hacer algo que requiere que me perdone.

Inocencia

Cuando realmente hemos perdonado a alguien, volvemos a la inocencia original. Y esa inocencia original es como la nieve recién caída. Es como la lluvia fresca que limpia el aire.

Es como las cosas que nos hacen decir: "¡Cielos!". Es como cada atardecer que he contemplado... Todos son nuevos.

El Duelo

*H*acer el duelo es resolver el bloqueo de las emociones y la mente.

Algunas veces se logra llorando.

Algunas veces se logra ayunando.

Algunas veces se logra corriendo.

Algunas veces se logra trabajando duro.

Se logra de muchas maneras. Pero *hacerlo* es muy importante.

Despertar a lo Divino

Sea lo que sea que necesites perdonar en otra persona, hazlo, porque es importante restituir la imagen original de esa persona y que te llevó a establecer una relación con ella en un principio.

Eso se llama amor, bondad y consideración.

Restituyes su imagen en tu interior, y luego tratas de ayudarlos a restituir su propia imagen dentro de ellos. En otras palabras, ayudamos a que cada uno despierte a la presencia de lo Divino dentro de sí. Y luego, la Divinidad habla. Y eso es nosotros, no de manera individual, sino colectivamente.

Háblalo

¿*H*ay alguien a quien no puedas perdonar? ¿Hay algo que haga la gente que no puedes perdonar? ¿Por qué los odias? Es porque no puedes perdonarlos.

—¿Qué hicieron?

—Hirieron mis sentimientos.

—¿Dónde tenías tus sentimientos?

—Aquí mismo, en la manga. Me quité el corazón, lo puse aquí afuera y dije: "Tenlo, ámame".

Sí, y te dijeron: "Disculpa", cuando se tropezaron contigo. Y tú dijiste: "¿Por qué me haces esto? Todo lo que yo quería era amor".

Bueno, tu corazón estaba ahí afuera, en el camino, colgado de la manga. Y si les preguntas qué sucedió, probablemente te contesten:

—Yo no estaba tratando de herirte. Nada más quería moverte el brazo para

Háblalo
(Continuación)

poder poner el mío alrededor de tus hombros, y te pegué sin querer.

—¿Quieres decir que estabas tratando de abrazarme, y que cuando me golpeaste lo hiciste sin querer? Qué bien. Eso sí que lo puedo perdonar.

¿Por qué? Porque lo hablaste con la otra persona. Y ahora comprendes que se trataba sólo de un error.

El Señor está
Siempre Disponible

$\mathscr{H}$e tenido la impresión (y la experiencia que la valida) que el Señor siempre ha estado disponible. Y también debo admitir que yo no he estado siempre disponible a la disponibilidad del Señor.

Cuando finalmente llegué a esa conclusión, lo único que tuve que hacer, fue volver a la posición de estar con el Señor. Entonces, me di cuenta de que el Señor nunca se había movido, porque en realidad el Señor no sabía cómo moverse. Lo único que sabía era estar conmigo todo el tiempo. Fue significativo descubrir que eso es lo que Él mejor sabe, más que ninguna otra cosa.

Y cuando descubrí que el Señor también lo hacía con los demás, bueno, eso sí que fue tremendo para mí. Se me acabó bastante rápido el protagonismo. Dije: "Este Señor sabe cómo estar con todos todo el tiempo, así que supongo que no existen restricciones, aunque yo había puesto restricciones".

Y cada vez que pienso en eso, allí está. Allí está. Allí está.

Esclarécete

Ese momento dentro de ti, en que perdonas lo sucedido, es el momento en el que te estás esclareciendo.

Saca el Mejor Partido
de una Situación

lgunas veces, la forma de sacar el mejor partido de una situación es salirse de ella. La otra forma es aceptarla y agradecer que no sea peor.

Para mí, lo más fácil es amarlo todo. Cuando sucede algo, digo: "¡Ah! Otra forma de amor. Otra cara del amor. Otra expresión del amor. Otra localización del amor". Y entonces puedo participar en ello.

Eso es agradecimiento.

El Estado de Gracia es Amar a Dios

El único estado de gracia es amar a Dios.

Si quieres entrar en estado de gracia, ama a Dios y *entonces* te llega. Cuando no estás en estado de gracia, no estás amando a Dios.

Probablemente, tu enfoque haya sido querer recibir la gracia primero, para luego amar a Dios. No funciona así. Ojalá así fuera. Ojalá pudiera ver primero el Reino de los Cielos y luego arrepentirme.

Voy a Ver Quién Me Perdonó

Una vez un hombre me dijo:

—¿Comprendes que cuando acepté a Cristo como mi salvador personal, fui perdonado?

Y yo contesté:

—Eso es maravilloso, pero ¿te olvidaste de todos tus pecados?

—No.

—Entonces —le contesté—, debes perdonar olvidando y poniéndote en presencia de la Luz, del amor, de la risa y de la alegría.

Me preguntó:

— ¿Qué haces?

Y yo le dije:

— Puede que yo esté perdonado, pero voy a ver quién me perdonó. No tengo tiempo de mirar las sombras que crea la poderosa Luz que brilla sobre mí.

Ver el Rostro de Dios

¿Cómo es posible lograr el perdón cuando te has perdonado y, sin embargo, el asunto sigue reapareciendo?

Sé que todos tenemos sentimientos muy parecidos que nos impiden seguir adelante, hacia lo que realmente queremos. Tenemos que enfrentar lo que nos obstaculiza el camino con valentía y convicción y con toda la fuerza de voluntad que tengamos.

Se requiere una gran valentía para ver el rostro de Dios, porque primero debes ver el tuyo.

El Egoísmo Supremo

$\mathscr{S}$i voy a hacer algo que va a requerir que yo me perdone, no lo hago. Porque para empezar, estaría poniéndolo en mi contra. Y si tú vas a hacerme algo que tendré que perdonarte, no te permitiré que lo hagas. Esto es, en algún sentido, el egoísmo supremo.

Me voy a cuidar tan bien, que cuando estés a mi alrededor, podrás hacer lo que quieras sin tener que preocuparte por mí, porque si haces algo que no quiero que hagas cuando estés conmigo, te lo diré.

Es egoísmo supremo, pero, ¿comprendes que también es amor incondicional? Porque de esa manera, eres libre. Y cuando eres libre, el Espíritu se hace presente y eso es lo que realmente quiero ver en la gente: al Espíritu.

Olvídalo

No logras el perdón hasta que no olvidas lo que te está bloqueando.

Vive tu Vida
Hasta Completarla

$\mathcal{S}$i voy a alcanzar el perdón, ¿de quién lo voy a recibir? De mí mismo. Pero cada vez que me perdono por algo, recuerdo lo que fue. Y cada vez que recuerdo lo que fue, le pongo un poco más de energía. Así que, cada vez parece más grande y no desaparece.

Entonces, aunque yo diga: "Está bien, me perdono", la próxima vez que veo a la persona con quien me enojé, me vuelve a surgir el enojo.

Por lo tanto, necesitamos hacer algo más que perdonar. De hecho, tenemos que olvidar. Tenemos que vivir nuestra vida en este momento con una sensación de finalización tal, que cuando un momento desaparezca, no quede ninguna evidencia de que lo vivimos.

Si no hay evidencia, no habrá pensamiento, ni sentimiento, ni imaginación, ni realidad física, y el inconsciente estará limpio.

Vive tu Vida
Hasta Completarla
(Continuación)

¿Sabes lo que sucede cuando esos niveles se limpian? Automáticamente, nos internamos muy adentro de nosotros mismos, en el Alma, donde residen y viven el Cristo y Dios, la energía espiritual divina, el Espíritu Santo, el Espíritu.

Enfócate en Dios

Las escrituras afirman que el Señor dijo que "no recordaría los pecados de ellos". Cuando no recuerdas, has olvidado, y en el olvido se te perdona. Se evidencia el perdón.

Entonces, algo nuevo entra en ti y ocupa el espacio que antes ocupaban la mezquindad y las culpas. Estaban drenando tu vitalidad y tu vida. Ellas producen y atraen a la negatividad. Y van a atraer hacia ti aquello en lo que te enfocas y que no quieres.

¿Recuerdas estas frases? Tus miedos te persiguen. Lo que temes, lo consigues. Lo que envías al mundo, se te regresa. Reencarnación.

Todas significan lo mismo: enfócate solamente en Dios.

Lo Más Importante

¿Cuál es nuestra tarea más difícil como seguidores del Cristo, seguidores de Dios, seguidores del amor? Perdonar. Eso es lo más importante que debemos hacer.

Luego, la gente se te acerca y comienza a aplicarte la ley. Si los perdonas y te golpean, ¿qué haces? Perdonarlos. ¿Y si te vuelven a golpear? Perdonarlos. ¿Y si lo hacen otra vez? No seas estúpido, aléjate de ellos. Y perdónalos otra vez.

Inmadurez

Es probable que no recuerdes lo que hiciste el tercer día de clases en el segundo grado, porque aquello está hecho, completo, terminado. Pero si recuerdas a la maestra de cuarto grado y el día que te castigó, más vale que comiences a olvidarlo, también porque tienes algo de inmadurez que te va a bloquear. Y tal vez esa inmadurez del cuarto grado comience a dirigir tu vida.

Tal vez digas: "Mi papá me lastimó cuando yo tenía trece años". Tienes a un niño de trece años dirigiéndole la vida a una persona de cincuenta. Más vale que pongas a ese niño al día.

Puedes despejarlo simplemente no volviendo a enfocarte en ello. Y puedes despejarlo accediendo al Alma. Asegúrate de enterrarlo bien profundo para que llegue al Alma. Si no lo haces (y mucha gente se detiene apenas antes), lo pones en el inconsciente y entonces te manejas a ti mismo desde un patrón habitual de inconsciencia y tal vez necesites ir a psicoterapia. Y, en consecuencia, tienes que volver a vivirlo y ser responsable y rendir cuentas de todas esas cosas pasadas, y eso no es necesario.

Inmadurez
(Continuación)

No necesitas hacerlo. ¿Por qué? Porque somos creadores a la imagen perfecta y exacta de Dios en el Espíritu, y podemos disolverlo. Podemos disolverlo descartándolo, no poniéndole más de nuestra energía.

Ámalo

¿Qué tal si amas lo que haces?

—No, no puedo. Acabo de insultar a alguien, porque estaba alterado emocionalmente.

—Bien. Ama lo que hiciste.

—No puedo amarlo.

—Olvídalo.

—No puedo olvidarlo.

—Ve y pide disculpas.

—Bueno, pero eso significa que tengo que hacerme responsable de ello.

—Sí, ésa es la otra manera.

—Bueno, entonces lo olvidaré.

Mantén Presente
tu Propósito

*P*ara recibir, debes estar activo. Mantén presente tu propósito. Recibirás en proporción directa a la claridad de tu visión, lo definido que esté tu propósito, la solidez de tu fe y la profundidad de tu gratitud.

Busca la Bendición

*A*un en medio de una maldición, aparece la bendición.

A veces, cuando deseamos algo y no lo logramos, despotricamos contra Dios, nuestra esposa, nuestro marido, nuestros pésimos hijos y el resto del mundo. Y luego, semanas más tarde, algo mejor aparece en nuestro camino. Entonces, no sabemos qué hacer, porque insultamos a Dios, insultamos a nuestra esposa, insultamos a nuestro marido, insultamos a nuestros hijos, insultamos a todo el mundo, pero aquí tenemos esta maravillosa oportunidad que se nos acaba de presentar.

Es porque el Espíritu, la substancia de la vida, te tenía reservado algo mejor y por eso descartó lo que pedías, porque eso no te iba a satisfacer como querías. Así que pareció como una maldición, pero la bendición venía inmediatamente detrás.

Actitud de Competencia

—Estoy impaciente.

—Agradece lo que tienes en este momento.

—Bueno, tengo esta siguiente bocanada de aire.

—¿Y qué pasó con la impaciencia?

—Oh, se me olvidó, porque sentí gratitud por el aire que respiro.

De eso estoy hablando. Da las gracias por la persona que tienes a tu lado. Verás que es una manera de vivir más fácil, más grata que tratar de convencer a alguien a golpes, adelantarlo y competir.

Cada vez que estás impaciente por terminar algo y comenzar con lo que sigue, estás en una actitud de competencia y el resultado será la negatividad.

Actitud de Competencia

(Continuación)

Cuando estás en un estado de gratitud y tienes claridad de visión y pones fe en lo que emprendes, estás produciendo energía positiva en tu entorno. Y, entonces, la gente se te quedará mirando, y tú te preguntarás por qué te están observando así. Es que están viendo una demostración de esa substancia invisible que se está haciendo visible.

La Mano del Esclarecimiento

medida que cambias tu comportamiento, cambias la emoción. A medida que cambias la emoción, cambias el pensamiento. A medida que cambias el pensamiento, adquieres sabiduría. A medida que adquieres sabiduría, practicas el perdón.

Te perdonas por tu propia estupidez e ignorancia y falta de conocimiento, y, en ese mismo instante, perdonas a todos los demás. Y, en ese momento, accedes al esclarecimiento.

No solamente dices: "Te perdono", sino que además perdonas como un proceso del ser.

Tu actitud es tal, que podrías meterte en el lodo en que alguien está hundido y sacarlo suavemente y limpiarle lo que lo ensucia, sin importar cuán desagradable y terrible sea.

La Mano del Esclarecimiento
(Continuación)

El hecho de meterte en el lodo para buscar a alguien donde está y elevarlo hacia la Luz, podría interpretarse como que te internaste en la oscuridad. Y aquel a quien elevas, que está cubierto de suciedad, mirará tu mano y pensará que estás tan sucio como él. Pero a medida que se limpie —y ese proceso es suyo— se dará cuenta de que también tienes una mano muy limpia de esclarecimiento. Ése es un desafío muy, pero muy importante para los seres humanos.

Mantente en Contacto
con el Amor

$\mathcal{L}$a gracia es la ecuanimidad de Dios que expresa: "Cuando le haces algo al más insignificante de todos, me lo haces a mí", y: "Ama a Dios con todo tu cuerpo, mente y Alma, y a tu prójimo, como a ti mismo".

Aquellos que se rigen por la ley no se aman a sí mismos. La Biblia afirma: "Un hombre sin juicio se burla de su prójimo, pero un hombre con entendimiento cierra la boca". ¿Comprendes eso? Dejamos de encontrar faltas en la gente y comenzamos a comprender que lo que atraviesan es su proceso, y nosotros simplemente los dejamos hacerlo. Eso es lo que se llama "su nivel del 'diez por ciento', aquello que les concierne".

La gente no me atrapa en su diez por ciento, porque no se los creo. Tal vez los escuche al hablar de él, y sigo manteniendo mi propio pensar independiente y mi propio sentir independiente y el contacto con el amor, que está siempre presente.

No Busques la Perfección

Hazte un gran favor y no busques la perfección aquí.

Si yo pudiera decir: "Dios, concédeles un deseo", sería: "Concédeles que usen lo que se presente en su camino de la mejor manera posible. Y que luego sigan adelante".

El Momento Antes de Antes
de la Muerte

Si no sabemos en qué momento vamos a morir para poder perdonarnos y entonar el nombre de Dios justo antes de morir, tal vez debamos entonarlo todo el tiempo.

Paz, Aquiétate

El mundo físico siempre será un reflejo. El mundo interno siempre será la realidad.

En el momento en que sacamos nuestro mundo interno al exterior, el velo de la carne cae sobre nosotros y quedamos atrapados por nuestras respuestas a los cuerpos de otra gente, sus pensamientos y sus conciencias, y entonces nos sentimos confundidos. "Jaime dijo esto, Susana aquello, María está haciendo esto, José dijo: 'No hagas eso'. ¿Qué puedo hacer?".

Cierra los oídos a lo que digan. No hacen más que empeorar las cosas.

Vete a un lugar tranquilo. Si puede ser físicamente tranquilo, mejor aún. Un buen lugar suele ser frente a algún cuadro en la pared que te ayudará a mejorar tu sintonización. Y mientras lo haces, puedes decir: "Paz, aquiétate", y se hará realidad para ti.

Paz, Aquiétate
(Continuación)

Las emociones se calmarán, la mente se tranquilizará, y tú puedes agregar simplemente: "Señor, estoy abierto a recibir".

Es un momento muy sagrado cuando podemos decir en nuestra conciencia: "Señor, estoy abierto a recibir ahora mismo lo que desees otorgarme. Puedes hacérmelo llegar ahora, en este momento".

¿Cuál es mi Tarea Aquí?

¿Qué tarea viniste a hacer aquí?

La que está directamente enfrente de ti. ¿Qué implica eso?

Eso implica dos posibilidades: Vivir bajo la ley del karma o vivir bajo la gracia del amor de Dios. Tú puedes elegir.

Y la gracia de Dios no significa ni por un minuto que no vayas a sentir dolor. Solamente te asegura que vivirás en el Espíritu mientras camines por este mundo.

Una Historia Sobre la
Sanación de la Memoria

$\mathcal{D}$emasiado a menudo, queremos tomar lo que nuestros padres nos hicieron cuando éramos pequeños y usarlo en contra nuestra. Decimos que "mi madre me hizo como soy", o que "mi padre me hizo así". No digo que sea o no verdad. Pero, sabes, yo probé hacerlo con mi padre una vez.

Íbamos por las montañas más altas de Utah, recorriéndolas en una camioneta que conducía yo. Eso era bastante inusual, porque, en general, mi padre no dejaba que nadie sino él condujera la camioneta por un camino estrecho en la montaña, con un acantilado de más de tres mil metros a un costado.

Pensé que ése era un buen momento para hacerle una pregunta, porque él no me golpearía ni me gritaría por miedo a que me asustase y me saliera del camino. Pensé que tendría que aguantarse. Había elegido bien el momento; me quedaban varios kilómetros de mal camino, por el cual no podíamos ir muy rápido, aunque íbamos en bajada. Le expliqué que yo

Una Historia Sobre la Sanación de la Memoria

(Continuación)

pensaba que mi vida no había funcionado del todo bien por culpa de mi madre y de él.

Mi padre dijo: "Espera un minuto", y yo puse el pie en el freno. Pensé: "¡Oh, no! No debería haber hecho esto. Debería haber seguido conduciendo y nada más quedarme un minuto en silencio". Pero me detuve.

Me miró y dijo: "Hijo, para alguien que es ignorante, lo que acabas de decir podría ser verdad, pero tú eres inteligente, te graduaste de la universidad, y sabes que cualquier cosa que te haya sucedido de niño y mientras ibas a la escuela, probablemente sucedió como debía ser. Y eres lo suficientemente inteligente como para no dejar que nada de eso te moleste de ahora en adelante, ya sea en relación contigo mismo dentro de ti, o entre tú y yo, o tu madre. Sigamos". Y yo continué bajando por el camino.

¿Y sabes qué? Él tenía razón. Si yo hubiera continuado promoviendo el asunto, así es como hubiera sido. Pero él

Una Historia Sobre la Sanación de la Memoria

(Continuación)

simplemente me dijo: "No nos culpes de esto a tu madre y a mí. Hicimos lo mejor que sabíamos con lo que teníamos. Y tú eres ahora lo suficientemente inteligente como para ver cualquier error que hayamos cometido y solucionarlo".

Mi padre sanó esa memoria en mí. Y la sanación de memorias es uno de los ministerios más vitales del Viajero.

Instrucciones Fáciles
Para Vivir la Vida

$\mathcal{T}$u mente te dirá cosas, y entonces tus ojos comenzarán a buscar aquello que tu mente te dice que te falta. Luego, tus emociones empezarán a hacer lo mismo, los sentimientos comenzarán a sentirse heridos, el cuerpo se sentirá comprometido y, en poco tiempo, te encontrarás enfermo.

Así que ahora sabes cómo enfermarte, y sabes cómo enfermarte aun más. Pero también puedes revertirlo. Lo haces observando dónde pones los ojos. Cuida lo que mantienes en la mente. Cuida dónde pones los sentimientos a medida que aparecen. Coloca tus emociones donde quieres que esté tu cuerpo. Éstas son instrucciones bien sencillas para vivir la vida.

Ejercicios Espirituales

Aquellos que hacen ejercicios espirituales dejan de ser regidos por la ley y se someten a la gracia, y la gracia se otorga sin costo alguno.

Tal vez digas: "En realidad estoy pagando por la gracia. Estoy haciendo ejercicios espirituales".

Sí, y también continúas respirando. Lo pagas igualmente, pero es gratis.

Estamos en las Manos de Dios

En el jardín de Getsemaní, Jesús nos dio un ejemplo de gratitud cuando dijo: "No obstante, hágase Tu voluntad".

Y la gratitud de esa frase implicó que había un Padre que tenía todo en Sus manos, y que incluso Jesús estaba en esas manos.

La Tarea de Dios es Perdonar

$\mathcal{C}$ada vez más, las cosas en este planeta se están desestabilizando para que dejemos de confiar en aquello que nunca mereció confianza, en aquello que nunca nos dio seguridad. Esto nos ubica en el único lugar que es seguro y que no desaparece: aquello que existe, aquello que es, aquello que nunca nace y nunca muere, aquello que eres realmente.

Aquel que realmente eres es el que dice la verdad y que la volverá a decir una y otra y otra vez, durante todo el tiempo que haga falta, hasta que cada uno de nosotros la sepa. Lo hermoso (y ésta es tanto una buena como una mala noticia) es que tendrás tantas oportunidades como te hagan falta.

Si piensas que todo se ha perdido y que no lo vas a lograr, me gustaría recordarte una cosa sobre Dios y es ésta: la tarea de Dios es perdonar.

Todas Estas Catástrofes

Recuerda todas las veces en el pasado en que dudaste y sentiste miedo y dijiste: "¡Ay, Dios mío! ¿Qué voy a hacer para aguantar esto? ¡No lo voy a lograr nunca!"

Luego, te miras al espejo y ves que dice: "Mentiroso", porque te mentiste a ti mismo. Dijiste que no ibas a aguantar o que no lo ibas a lograr nunca, y eres prueba viviente de que estabas equivocado.

Esto, entonces, debería ser suficiente para que supieras que lo estás logrando, una y otra y otra vez, a través de todas estas catástrofes que están en tu cabeza. Lo estás logrando y sigues lográndolo, así que, ¿para qué preocuparte de la próxima vez?

Gracias a Dios

*G*racias a Dios que estoy haciendo esto ahora en lugar de más tarde, cuando tal vez no sea capaz de hacerlo.

Gracias a Dios que me insultaron hoy en lugar de la semana próxima, cuando hubiera sido importante.

Gracias a Dios que me golpearon hoy, así seré más fuerte la semana próxima.

Gracias a Dios que esta oportunidad me llegó ahora, cuando estoy listo para aprovecharla.

Y gracias a Dios que no manejé las cosas peor de lo que lo hice.

Todo esto es una actitud de gratitud.

Lo que Sigue

La gente puede acercarse a ti y decirte:

—¡Desgraciado, eres un canalla!—, y todo lo que tienes que responder es:

—¿Y qué más?

Puede que contesten:

—¿Terminaste?

Y tú dices:

— Sí. Lo que sigue.

—¿Por qué?

—Olvídalo. Lo que sigue.

—Bueno, lo que dije es importante.

—No, no lo es. Lo que sigue.

—Pero lo que siento es que...

—Olvídalo. Lo que sigue.

Lo que Sigue

(Continuación)

—Pero pienso que...

—Olvídate de eso. Lo que sigue.

—Bueno, pero lo que yo me imaginé fue que...

—Lo que sigue.

—Es que tengo algo adentro que hace que compulsivamente...

—Olvídalo. Lo que sigue.

—Solamente quedo yo.

—¡Ah! Magnífico. Maravilloso. Tú. La persona más importante del mundo. Y ese 'tú' es todos.

Aprecia tu Negatividad

$\mathscr{P}$ienso que deberías empezar a apreciar tu irritación, a apreciar tu negatividad. De esa manera, sin importar lo que suceda, terminas siendo una persona que sabe apreciar las cosas.

Puede parecer tonto, pero otro nombre para eso sería agradecimiento, que seas una persona que sabe agradecer. Y este sentimiento de gratitud tiene una cualidad muy extraña que dice: "No le permitiré la entrada a nada que no sea agradecido".

Cuanto más aparece el sentimiento de gratitud, más mantiene afuera aquello que no lo es, y más agradecimiento permite que entre. Al mismo tiempo, estarás transmutando tu karma a través de tus viajes internos, que es cómo va a funcionar de todas maneras.

Busca la Excelencia

*L*a mejor manera de manejar la vergüenza es reconocer que parte de la naturaleza humana es sentir vergüenza. Esto se debe a que tenemos un punto de referencia de perfección adentro (que no necesariamente es acertado) y si no logramos llegar a esa marca interior de perfección, sentimos vergüenza.

Queremos alejarnos de esa medida de perfección y, en su lugar, buscar la excelencia o hacer algo bien. Si no logras hacerlo bien, no tienes que pensar que el fracaso sea la realidad opuesta. Puedes volver atrás y hacer lo que sea de nuevo. O puedes llegar a la comprensión en donde te das cuenta de que no se supone que alcances la perfección, que no estás diseñado para eso, y que simplemente no eres tú quien debe alcanzarla.

No Seas Cruel
Contigo Mismo

Es tan fácil retirarse, separarse y, de alguna manera, considerar que eso es lo justo. Pero es un crimen contra ti mismo.

A menudo, le digo a la gente: "No seas cruel contigo mismo", y se preguntan a qué me refiero. Estoy hablando de separarte de ti mismo. Eso es ser cruel.

No tengas razones que puedas usar para negarte el amor a ti mismo, pase lo que pase. Y eso realmente quiere decir "pase lo que pase".

No te Mientas

El Espíritu nos ha prometido que a medida que nos acerquemos a él, él se acercará a nosotros y nos dará lo que necesitemos; no precisamente para colmar nuestra codicia, sino para colmar nuestra necesidad espiritualmente. Y entonces podremos usar nuestros talentos para materializar eso en el mundo.

Los talentos son aquellas cualidades creativas y que contienen Espíritu. Tus confabulaciones y ardides provienen de tu ser inferior y contienen negatividad y el poder de Kal. No te engañes. Una vez que te has mentido a ti mismo, puedes mentirle al resto del mundo con mucha facilidad. Pero no podrás vivir contigo mismo, porque no sabrás quién te estará mintiendo, ya que si tú te mientes a ti mismo, ciertamente pensarás que los demás también lo hacen.

Inocencia

La Biblia dice: "Entonces le fueron presentados unos niños para que pusiese las manos sobre ellos y orase. Pero los discípulos los reprendieron". En otras palabras, dijeron: "No molesten a Jesús con los niños". Entonces, Jesús viendo esto, se sintió muy molesto y les dijo:

—Dejad que los niños vengan a mí, porque de ellos es el Reino de los Cielos.

¿Qué tienen los niños? Inocencia. ¿Y qué tenemos nosotros cuando juzgamos? Falta de inocencia. Así que, continuamente tenemos que regresar a la inocencia original. Y puedes hacerlo perdonando y olvidando.

Viendo con los Ojos de Cristo

Cuando practicas ver a través de los ojos de Cristo, éstas son las primeras cosas que suceden:

"No juzguéis, para que no seáis juzgados." Eso es lo primero: No juzgues. Veas lo que veas, velo con claridad, con pureza, como una experiencia, una expresión para que esa Alma evolucione y crezca, y eso es exactamente lo que sucede. El Alma evolucionará y crecerá, incluso en las situaciones más adversas. Yo he evolucionado más en la adversidad que en los momentos de amor y de mayor gozo.

Lo segundo es perdonar. Eliminación de juicios—perdón.

Y lo tercero es olvidar. Eso es vivir ahora mismo, en este momento de la conciencia de Dios, en Cristo que está en todos.

Vigilancia Eterna

La vigilancia eterna es el santo y seña para el perdón: el estado constante de conciencia en el cual no se desea o intenta hacer daño a nada.

Conócete a Ti Mismo

Nuestro Señor Jesucristo dijo: "Perdónalos, Padre, porque no saben lo que hacen". Pero todos sabían lo que estaban haciendo: "Estamos crucificando a este hombre que afirma: "Yo soy la Luz, la Verdad y la Vida". Lo persiguieron, le clavaron lanzas en sus costados y le atravesaron clavos. Y en medio de todo eso, él dijo: "Esto lo hago por vosotros".

Y nosotros algunas veces pensamos: "¡Claro...! ¿Por qué te ibas a molestar en hacerlo por mí? Si ni siquiera me conocías".

A Jesús no le hacía falta conocerte. Se conocía a sí mismo. Y ésa es la clave: conócete a ti mismo. Y entonces serás como Cristo, y la mente que estaba en Jesucristo formará parte de ti; no como una persona desequilibrada, radical, engreída, que golpea a la gente y le dice: "Estoy haciendo esto, porque Dios me dio permiso", sino más como el pastor que cuida de su rebaño, asegurándose de que si una de sus ovejas queda atrapada en las zarzas, él irá a rescatarla y la regresará al rebaño.

Todos los Días y
a Toda Hora

$\mathcal{P}$ienso que mucha gente ha personalizado a Jesucristo de maneras raras. Yo no deseo hacerlo. Yo sólo sé que es el Príncipe del Amor. Sé que Dios es amor, y sé que si permanezco en el amor todo lo que puedo, todos los días y a toda hora, estoy bien.

Si me aparto de eso, sigo esforzándome por retomarlo en todo momento. Sigo estando bien; simplemente no tuve lo que hacía falta para cumplir a ese nivel o porcentaje más alto. Eso es todo lo que el hecho dice de mí. Pero no me condeno, porque no he sido condenado. Y sé que es así, porque se me siguen ofreciendo oportunidades.

La Grandeza está Adentro

*N*os apartamos de Dios cuando salimos al mundo proclamando la grandeza de Dios *aquí afuera*.

Nos hemos olvidado que Dios está *dentro* de nosotros en la grandeza.

Regeneración

*C*uando hablamos de regeneración, estamos hablando de ser espiritualmente enteros en todo nuestro ser.

Si haces algo, hazlo. Si no, no lo hagas. De todas maneras, dos minutos después ya ni recuerdas de qué se trataba. Esto es realmente nacer otra vez, minuto a minuto.

Si te quedas en el pasado, no eres una criatura de la regeneración; por el contrario, te entregas a la degeneración y comienzas a morir.

Sea lo que sea que haya sucedido en el pasado con quien sea, sobre lo que sea, ya pasó. Es así de simple, porque ya pasó. Y ya sea que las personas involucradas hayan tenido razón o estuvieran equivocadas, ya sea que tú lo hayas hecho o no, ya sea que ellas lo hayan hecho o no, todo eso es absolutamente irrelevante. Ni me molestaría en discutirlo contigo; no perdería mi tiempo dándole dignidad a la basura. Y te sugiero que tú tampoco lo hagas.

La Voluntad de Dios

La Biblia afirma que Jesús dijo: "Cuando dos o más se reúnen en mi nombre, yo también estoy presente", y: "Lo que deseas, mi Padre te lo dará, si lo pides en mi nombre".

Pero no lo dijo exactamente así. Dijo: "Cuando dos o más de vosotros os reunís por voluntad de Dios y pedís al Padre en mi nombre, teniendo presente la voluntad de Dios, yo os lo daré".

La Oración

A veces, oramos: "Dios, llévate esto. Dios, llévate aquello. Dios, dame esto".

Pero nunca decimos la plegaria que verdaderamente será respondida para la gloria de Dios, y que dice así: "Dios mío, dame la fuerza para superar todo esto y alcanzar tu gloria y tu Reino". Ésa es la oración que debemos decir.

Amar, Honrar y Respetar

$\mathcal{S}$i todos pudiéramos honrarnos y respetarnos mutuamente, nadie tendría una historia sobre nosotros de la cual necesitaríamos ocuparnos.

No habría malos recuerdos, ni insultos, ni gritos. Todo eso desaparecería. Existiría solamente este momento de honor y respeto. Sería casi como decir: "El Cristo en mí saluda al Cristo en ti". Eso es algo maravilloso.

Muchos de ustedes, amigos, tienen heridas internas, porque querían algo de una cierta manera y la gente no lo hizo, y entonces se sintieron heridos por eso. Tienes una alternativa: sentirte herido o dejarlo ir. Si eres tan inteligente y tan intelectual y tan espiritual, veamos si tienes la inteligencia de dejarlo ir. Si no lo dejas ir, no pienses que eres tan inteligente y tan espiritual y tan intelectual, porque vas a cargar con un gran exceso de equipaje, y eso no es inteligente.

Abre tu Corazón
y Perdónate

Abre tu corazón al Espíritu y a todo el dolor que has experimentado, y sólo di internamente: "Me perdono por todo lo que manejé mal, por todos mis prejuicios, por toda la información que malinterpreté, o por todo lo que haya sucedido que me hizo sentir herido, resentido, contraído y aislado. Voy a seguir expresando amor otra vez. Y voy a continuar desparramando mi amor hasta que llegue el día en que se mantenga cubriéndolo todo por sí solo".

Y en ese momento, vas a estar feliz de haber amado a pesar del dolor, de la desilusión, de la desesperación y de la crisis, porque sabrás que realmente valió la pena.

Los Días de
Publicidad Negativa

$\mathcal{H}$e recibido mucha publicidad negativa de gente que ha dicho todo tipo de cosas, y esto está lejos de terminarse. Y yo sigo amando, sigo avanzando y sigo haciéndolo.

No siento rencor hacia esa gente que ha sido negativa conmigo. En este momento, no me interesa participar con ellos en lo que hacen, pero me imagino que en algún momento en el futuro, lo haré. Es totalmente concebible para mí que en el futuro esas personas aporten grandes riquezas, recursos y amor a todo el grupo. Todo eso está dentro de mí como una posibilidad. Y si no sucede, no me sentiré desilusionado. ¿Por qué? Porque estoy lleno de amor.

Lo que pasa es que pongo a la gente en un lugar lleno de amor dentro de mí, y allí no hay nadie por quien me sienta herido, nadie a quien odie o a quien no haya perdonado. No haría nada así contra este templo del Señor. No lo haría, porque el Señor habita aquí, Cristo habita aquí, y no quiero defecar en mi propio templo.

Los Días de Publicidad Negativa

(Continuación)

Eso es lo que hacemos cuando juzgamos a otro. Y lo justificamos con todo tipo de razones justas que parecen razonables, excepto que todas están equivocadas. La única razón real es el amor y el cuidado, y seguir limpiando la basura que se tire dentro de ti. Y no es fácil. Es una tarea que hay que hacer diariamente.

Los Mandamientos

Una de las frases más maravillosas de Jesús fue dicha cuando la gente se le acercó y lo llamó:

—¡Señor, Señor!

Y él contestó:

—Me llamáis Señor y, en verdad, soy vuestro Señor, pero ¿por qué me llamáis Señor si no hacéis lo que os digo?

Mucha gente se dio media vuelta y abandonó a Jesús en aquel momento, porque era muy fácil para ellos decir: "¡Señor, Señor!", y lograr lo que quisieran, pero era mucho más difícil decir: "¡Señor, Señor!", y obedecer los mandamientos.

Y, sin embargo, los mandamientos son muy sencillos: amar a Dios con todo tu cuerpo, mente y Alma, y amar a tu prójimo como a ti mismo. Todo el resto de la Biblia son comentarios sobre eso.

Los Mandamientos

(Continuación)

En ningún lado dice que no puedas cometer errores. Jesús dijo: "No juzguéis y no seréis juzgados". Y si cometes un error, ocúpate rápidamente de corregirlo, porque también dijo: "¿Por qué miras la brizna en el ojo ajeno, pero no ves la viga en tu propio ojo?". En otras palabras, ocúpate de perfeccionarte a ti mismo, antes de comenzar a juzgar a otro. Una vez que te hayas sacado eso del ojo, tal vez te des cuenta de que tienes que trabajar en otras cosas y que no tienes la oportunidad de juzgar a nadie. En cambio, puedes decir: "Estoy tan ocupado perfeccionándome, que no tengo tiempo para averiguar quién tiene razón y quién está equivocado".

Verás, cada vez que juzgas, hieres.

La Sanación del Día

$\mathscr{P}$odemos sanar la memoria revisando en nuestra mente las cosas que la gente nos hizo y que no nos gustaron.

Podemos preguntarnos qué nos hubiera gustado que hicieran y, entonces, con nuestra imaginación creativa, verlos llevando a cabo ese nuevo comportamiento. Y si aún queda un residuo, lo hacemos otra vez.

¿Es eso un engaño? No, ésa es la realidad para sanar el recuerdo. Una vez cicatrizado, sigue estando ahí, pero solamente como un punto de referencia. No te has engañado, sino que lo has ubicado donde no puede controlarte ni imponerse a ti. Probablemente continúe allí y probablemente siga ejerciendo el control, pero no sobre ti. Tú lo sanaste.

Podemos hacer esto todas las noches cuando nos vayamos a dormir. Revisamos el día y si recordamos alguna molestia, nos imaginamos cómo nos gustaría que hubiera sucedido y lo visualizamos así.

La Sanación del Día
(Continuación)

Llegará el momento en que estés en la cama en la noche y te preguntes:

—¿Cómo estuvo el día?

Y contestarás:

—Muy bien. Buenas noches.

Y, entonces, llegarás al estado en que te acuestes y cuando te despiertes a la mañana siguiente, digas:

—¡Vaya! ¡Qué interesante! ¿Me pregunto de qué se habrá tratado el día de ayer?

Bueno, hoy es hoy. Nos levantamos y decimos: "Mira el día que Dios hizo". Y no nos preguntamos si será tan bueno como ayer, porque eso significa que algo en nuestra memoria necesita ser sanado. Dejamos ir el día de mañana.

Es necesario que olvidemos. El trabajo de sanar la memoria es un trabajo silencioso. Es un trabajo que sucede dentro de ti: cómo amar, pase lo que pase.

Ni Padres Perfectos,
ni Hijos Perfectos

*E*stamos aquí con lo que tenemos, con lo que sabemos, con lo que tenemos que trabajar, y no hay necesidad de culpar a nadie, incluyendo a nuestros padres. Lo increíble es que ninguno de nosotros tuvo padres perfectos. Y ninguno de nuestros padres tuvo hijos perfectos.

Cuando consideras esa idea desde un punto de vista netamente intelectual, puedes relacionarte contigo mismo como el origen de cualquier cosa que te esté sucediendo, y puedes perdonarte por no ser lo mejor que existe en el mundo. No es más que una afirmación de perdón para el ser, en que dices: "Me perdono por no verme como lo mejor que existe en este mundo".

¿De qué se Trata el Perdón?

¿Sabes de qué se trata el perdón?

No se trata de que tú me perdones a mí por algo. Se trata de que yo me perdone a mí mismo por dejarme llevar por los sentidos externos, por traicionarme y no tener una vida hermosa y feliz adentro. Ése es el mayor perdón.

Si me perdonas, te has hecho un favor maravilloso, porque he dejado de consumir tu energía (aunque yo no lo sabía). Estás recobrando la energía que se utilizaba de una manera muy destructiva y deshonesta en contra tuya, y la estás volviendo a reclamar.

Haciendo lo que Hace Dios

Cómo piensas en tu corazón, en eso te vas a transformar.

Ten cuidado con lo que piensas.

Pero si piensas que eres Dios y te mantienes pensando con ese enfoque positivo, ¿sabes qué?

Te transformarás en Dios en tu corazón. ¿Y sabes lo que no puedes hacer entonces?

No puedes hacer nada que no sea lo que hace Dios.

Relaciones

Cuando la gente habla de relaciones, generalmente dice que quiere tener una. Dicen:

—Quiero tener una hermosa relación con una persona hermosa, y juntos haremos cosas hermosas.

Nosotros decimos:

—¿Qué tendría que hacer esa persona para tener una hermosa relación contigo?

Y, aunque parezca raro, tienen la respuesta:

—Quiero que haga esto y esto, y esto y esto y esto.

Nosotros decimos:

—Pero si ni siquiera *tú* haces eso.

Relaciones
(Continuación)

Y ellos responden:

—Ya lo sé. Por eso es que quiero que *ellos* lo hagan. Y si no lo van a hacer, entonces no los quiero.

—¿Por qué no lo haces tú por ti?

—Si yo lo hago por mí, entonces ellos no me hacen falta.

—Exactamente, no los necesitas. Y ahora te voy a dar una noticia "bomba": no existen las relaciones "allá afuera". Es solamente un reflejo de lo que haces dentro de ti y cómo manejas las relaciones dentro de ti, no allá afuera.

Auto-Juicio

El auto-juicio es algo terrible, muy terrible, porque expulsa al Cristo que llevamos dentro.

La Llave del Reino

_P_erdonarse a uno mismo es la llave del reino. No solamente abre la puerta, sino que es la bisagra de la puerta, la llave de la puerta y también la campanilla que suena y te permite saber que la puerta se abrió.

Perdonarse a uno mismo no es un acto de contrición ni una penitencia, sino un planteamiento profundo y radical en relación contigo mismo. No puede ser imitado y no lo puedes fingir.

Es por eso que puede ayudar ser precisos. Si hiero los sentimientos de mi madre y ella no está presente para que yo pueda pedirle disculpas, entonces me perdono profundamente. Tal vez diga: "Me hubiera gustado que ella estuviera aquí, pero como no está, me perdono por cualquier juicio que haya hecho de mí mismo o de mi madre en esa situación".

Y luego tomaría asiento y dejaría que el perdón y la intención de perdonar me invadieran. A menudo, se produce un sencillo "clic" adentro, y si estás haciendo esto junto conmigo, tal vez digas: "Sí, eso se acaba de soltar".

No Culpes

$\mathcal{N}$ecesitamos regresar a ese estado en el que les decimos a los demás: "Asumo la total responsabilidad de mí mismo y de mi relación contigo y con cualquier otra persona dentro de mí. No te culpo por ser quien eres porque, verdaderamente, eres perfecto. No hace falta que cambies, pero si deseas cambiar, eso también está bien".

Lo que tengo que hacer dentro de mí es asegurarme de que mi relación contigo esté actualizada y presente, y que no se base en algo que pasó la semana pasada, el mes pasado, anoche o esta mañana, sino que sea lo que está presente en este instante, aquí en mi corazón contigo, de manera que yo esté aquí contigo ahora.

La Mente de Cristo

$\mathscr{L}$a Biblia dice: "Deja que la mente que está en Jesucristo sea la que esté en ti".

Eso significa ubicarte en tu propia realidad personal y tener una relación directa con tu propio Espíritu. Sé eso. Ten la relación directa con Dios, y sé eso.

Un Estado de Gracia

*M*uchas de las cosas que elegimos recordar nos mantienen atados a la Tierra. Otra opción que tenemos es mantenernos en un estado de perdón, que es un estado de gracia.

Históricamente, podemos ver que los seres humanos que vivieron en un estado de gracia como una declaración de vida, se transformaron en santos.

Vivir como un santo es estar viviendo en la gracia y otorgando la gracia. Aun cuando quieras enojarte con alguien, las palabras te salen distintas y la persona recibe la gracia que le estás extendiendo, aunque en realidad tengas el derecho, la autoridad y la posición moral y ética para descargarte con ella. Al contenerte, lo que se manifiesta en su lugar es la gracia.

Ése es el perdón que se perpetúa, y no terminarás de perdonar hasta que no des tu último suspiro.

¿Estás Loco?

$\mathcal{S}$i basas tu amor por alguien en ti mismo, habrás desarrollado carácter e integridad: ya lo habrás desarrollado. Y también habrás desarrollado una cierta lealtad a ese lugar dentro de ti donde vive esa persona.

Las relaciones son difíciles, porque la mayor parte del tiempo encontramos la debilidad de una persona y jugamos en base a ella. Las relaciones sirven, precisamente, para que practiquemos los unos con los otros. ¿No lo sabías? ¿Pensabas que era para que fuéramos perfectos los unos con los otros? Si lo pensabas, ¡estás loco!

La Risa

Hay una cosa que realmente funciona bien en este mundo, y te sugiero que la practiques. Mantén un espejo al lado de la cama cuando te despiertas por la mañana y lo primero que haces es mirarte en él. Simplemente, mira a ver quién fue el que se levantó.

Luego, en distintos momentos durante el día, ve a un lugar donde haya un espejo, mírate y suelta una buena carcajada. Y a la noche, antes de irte a la cama, mírate en el espejo y ríete otro poco.

No te olvides de amarte y de reírte de ti mismo. En las situaciones más terribles, desgarradoras e insidiosas, ríete. Es en esos momentos cuando más lo necesitas. Es necesario que hagas algo para equilibrar esa cosa tan espantosa y terrible, y la risa la saca afuera para que pueda equilibrarse.

Si no tienes ganas de reír, ése es el momento de reír. Si lo has estado practicando, lo lograrás. Si no, toma un espejo y mírate.

Todo es de Dios

$\mathcal{S}$i eres realmente inteligente, nunca tratarás de poseer a otro ser humano.

Si estás casado, debes recordar que estás casado con un compañero de Dios y que la persona pertenece a Dios, y que tú estás pidiéndola prestada por un tiempo. También debes recordar que tú mismo perteneces a Dios.

En definitiva, eso es todo. Y si viene un niño, el niño también le pertenece a Dios.

Tu Herencia

Al momento de nacer, cada uno de nosotros recibió una herencia espiritual, y en la tuya estaba escrito tu nombre. Antes de que el documento sea legal, es necesario que firmes tu nombre en la parte inferior para que todos sepan que es tuyo. Y la forma en que firmas es yendo al lugar donde se guardan esos documentos. Se guardan dentro de ti y el lugar se llama el Reino de los Cielos.

Debes ir allí *dentro*, sin que te importe lo que se diga o se haga en este planeta, *aquí afuera*. Tienes que pasar más allá de tus sentimientos heridos, más allá de tu conciencia de víctima, más allá de tu mente, más allá de todo, y entrar en un estado tan puro como te sea posible. Es difícil, porque entrar diciendo: "Puro, puro", no es un estado de pureza; es un pensamiento en tu mente.

La gente pregunta: "¿Y entonces cómo hago?". Haces las paces contigo mismo. Te perdonas por todas las cosas que hayas hecho en que sabes que no hiciste lo mejor que podías. Dices: "Lo hice lo mejor que

Tu Herencia
(Continuación)

pude basado en lo que sabía, en lo que tenía que trabajar en ese momento". Y eso es todo.

La Biblia dice: "El mal de hoy es suficiente". No lo extiendas a mañana. Por lo tanto, todo lo que sucedió antes de este momento está en el pasado. Simplemente di: "Eso ya no es real, ya no existe. Éste es el momento que Dios creó y, en este día, tengo mi vida. Y en este momento...".

Con esa actitud, caes automáticamente en el Reino de los Cielos, y descubres que eres uno de los herederos del Reino.

¿Por Qué Estoy Aquí?

$\mathcal{L}$os juicios son de las cosas menos sanas que podemos hacer en todos nuestros niveles. Si pudiésemos preguntar por la razón más importante de que todos estemos de regreso aquí, yo diría que es por algún juicio que hicimos sobre algo, porque nuestros juicios se vuelven en contra nuestra y permanecen atados al lugar donde juzgamos.

Así que si juzgamos físicamente, los juicios se mantendrán físicamente y debemos regresar a despejarlos. Pero, ¿qué hacemos en vez de ello? Hacemos más juicios.

Es suficiente para que uno quiera decir: "Córtame la lengua antes de que haga otro juicio". ¿Por qué? Porque ahora estás viviendo tus juicios, así que no hace falta que crees más. Si acaso, cuando surjan di: "Perdono ese juicio".

Si juzgas, la idea no es que te maltrates o digas: "No debería juzgarme", porque eso también es juzgar. En lugar, di: "Seré amoroso conmigo mismo. Seré bondadoso conmigo mismo. Estaré en paz y en armonía conmigo mismo".

¿Y Qué?

*A*sume la autoridad sobre ti mismo. Deja de entregársela a los recuerdos, deja de entregársela a las experiencias de la niñez, deja de entregársela a las interacciones con padres, amantes, maridos, esposas, o lo que sea. Deja ya de cederla.

Todas esas cosas sucedieron. Sí, sucedieron. ¿Y qué? El hoy está aquí. Éste es el momento de decir: "¡Sí, por Dios! Todas esas cosas fueron parte de mi vivir".

Verás, la opción está siempre en la mente, y se trata de elegir intelectualmente en lugar de emocionalmente. No lo haces como un proceso irracional, sino como un proceso de pensamiento racional. Y es el siguiente: si piensas negativamente, lo que consigues es negatividad. Si piensas positivamente, lo que consigues es positividad.

¿Y Qué?

(Continuación)

Pero, ¿qué pasa con ese sentimiento que tienes? Transfórmalo en un chiste. Explotas: "¡Ja, ja, ja!", y, entonces, súbitamente preguntas: "¿Adónde se fue ese sentimiento?". No pudo con el chiste. Reírte de ti mismo es una gran cualidad.

Yo no dignificaría tu pasado con ningún tipo de respuesta. Tampoco dignificaría el mío ni el de nadie. Está bien, lo hiciste. ¿Y qué?

Sentir Lástima
por ti Mismo

$\mathcal{T}$an pronto como esa cosa horrible, espantosa aparece en tu mente, sueles decir: "¿Por qué estás ahí? ¿Cómo te permití la entrada? ¿Es que dejé de estar vigilante? ¡Sal de aquí inmediatamente!".

Y entonces compruebas que no se marcha. ¿Por qué? Porque necesitas dejar que la compasión por ti mismo surja; necesitas darte apoyo y, de alguna manera, tenerte un poquito de lástima. Te sientas de hecho en una silla y dices: "¡Ay, Dios mío! Yo no sabía lo que hacía. Realmente lamento haberlo hecho, y ahora que lo sé, haré los cambios necesarios".

Eso es practicar la humildad del ser. Tal vez tu comportamiento no cambie de inmediato. Pero cuando aparezca otra vez, lo vuelves a desafiar, y en ese desafío te fortaleces y le das poder a la Divinidad para que se haga presente en ti como una fuente natural de tu energía, como respirar.

Invoca al Cristo

No podemos eludir la responsabilidad de invocar siempre al Cristo en todos, vayamos donde vayamos. Y, de verdad, habremos despertado al Cristo, únicamente cuando comencemos a verlo mirando a través de los ojos de todos los que nos miran.

Dios en Todos los Seres

$\mathscr{D}$ebes perdonártelo todo.

Debes tener compasión por todos y por todo lo que han hecho.

Una vez que lo hagas, se "lo habrás hecho al más insignificante de todos; me lo habrás hecho a mí".

Cuando me lo has hecho a "mí", la Divinidad se da a conocer e inunda el sistema.

Entonces, vemos a Dios en todos los seres y vemos lo Divino en todas las cosas.

El Reino de los Cielos

"*B*usca primero el Reino de los Cielos". ¿Y dónde es posible que esté? Adentro. ¿Dónde adentro? En su lugar natural de Divinidad.

El Reino de los Cielos se encuentra en el lugar de tu compasión. Se halla en el lugar de tu amor. Está en el lugar de tu generosidad. Lo encuentras en el lugar de tu propia sanación y de la sanación de los demás. Es muy fácil encontrar el Reino de los Cielos adentro.

Cuando dejamos de usar el intelecto de la mente y nos conectamos con la sabiduría del corazón, entramos por la puerta que nos lleva a la Divinidad, porque de ese corazón salen la compasión y el perdón.

Y necesitas, antes que nada, perdonarte por todo, porque fue la ignorancia la que lo produjo en ti. No fue la Luz. Cristo mismo dijo que vino al mundo, pero que el mundo estaba lleno de oscuridad y no conocía la Luz. Así que nos perdonamos por la oscuridad de nuestro ser y

El Reino de los Cielos

(Continuación)

celebramos la Luminosidad que hemos heredado y hacia la cual nos dirigimos poniendo Luminosidad en nosotros.

Y cuando desaparezca este cuerpo, la forma Espíritu que serás tú, no tendrá ninguno de los aspectos de la personalidad tratando de atraparla.

Por lo tanto, levántate internamente ahora mismo. Bendice tus sentidos exteriores. Bendice lo que ves. Bendice lo que comes. Bendice los cuerpos que tocas. Da las gracias por la ropa que tienes. Ten compasión por este planeta; lo necesita, pero solamente puede recibir compasión de alguien que lleva compasión adentro. *Tú* llevas compasión adentro. Ejercítala a través de tus sentidos y lo atravesarás todo de manera kármicamente libre.

¿Cuándo Hemos Sido Perdonados?

El perdón, mirado como un acto de compasión, debe verse como un acto radical desde el lado opuesto.

¿Cuándo nos perdona Dios? Cuando hacemos las cosas a la manera de Dios. Ahora, ése sí que es un acto radical. ¿Y cuándo nos perdona Cristo? Cuando acudimos a Cristo y nos volvemos como Cristo, o hacemos las cosas como las haría Cristo.

La Pregunta que
Tiene que ver Contigo

El que la sigue la consigue. (O gana el que aguanta hasta el final).

No importa lo que pienses, qué estilo de vida lleves, lo que comas, lo que bebas, nada. Lo que importa es adónde te lleva tu actitud y qué pensamientos mantienes en la mente y en la conciencia. ¿Hacia dónde vas con ellos? Ésa es la pregunta que debes hacerte. Y ésa es la pregunta que tiene que ver contigo.

Los Puros de Corazón

"*B*ienaventurados los puros de corazón, porque ellos verán a Dios".

¿Cómo te vuelves puro de corazón? ¿Andas por allí pensando: "Puro, puro, puro, puro"? No, así no se logra.

Hay dos formas, y en ambas necesitas perdonar. La primera forma está en tu corazón, cuando perdonas lo que hiciste que causó el disgusto. Y la segunda está "allá afuera", donde perdonas a la otra persona por lo que hizo. Tal vez, incluso sea necesario que perdones el haberlos conocido: "Me perdono por haberte conocido alguna vez, por haberte tenido como padre, por haberte tenido como madre. Realmente me perdono todas mis malas elecciones. Y te perdono tus malas elecciones a ti".

Hay una tercera cosa que debes hacer y es olvidarlo. El hecho de que lo olvides es el indicador de que lo perdonaste, y ése es el indicador de la pureza de corazón.

Esto También lo Haréis Vosotros y Cosas Aun Más Grandes

$\mathcal{S}$ería ridículo que Jesucristo hubiera aparecido en una determinada época y hubiera hecho todas esas cosas que nosotros no podemos hacer, y que luego nos fuésemos al infierno por no poder hacer eso que él hizo. Ésa sería una de las formas más tontas de encarar cualquier juego.

Pero él dijo algo muy interesante: "Esto también lo haréis vosotros y cosas aun más maravillosas, porque yo voy al Padre". Si no estás haciendo lo que hizo Jesús y cosas más grandes aun, ¿qué estás haciendo con tu vida?

Si no estás perdonando a tus enemigos setenta veces siete, si no estás amando a tu prójimo como a ti mismo, si no estás amando a Dios con todo tu cuerpo, mente y Alma, si nada de eso está sucediendo, si nada de eso es verdad, si nada de eso es posible y no lo puedes hacer, entonces puedes salir al patio a picotear la tierra con el resto de los pollos, porque no vale la pena hacer ninguna otra cosa.

Esto También lo Haréis Vosotros y Cosas Aun Más Grandes
(Continuación)

Y si *es* verdad, ¿por qué no lo estamos haciendo? Tal vez porque alguien no incluyó alguno de los pasos que deben ser recorridos. Se olvidaron de decir: "A través del ensayo y el error se aprenden los pasos de la creación. Siendo herido, aprendes a frenar tu mano y a no herir a otro".

Y también se olvidaron de decir: "Éste es un planeta de pruebas y errores y de cometer faltas". Así que sigue haciendo eso, para que aprendas a corregir tus errores y puedas comenzar a vivir una vida ejemplar.

Deja Ir la Vergüenza

*L*a vergüenza es la adoración de ídolos falsos. Idolatras tu vergüenza: "¡Ay, Dios mío! Me siento tan avergonzado. Me siento tan humillado. Estoy tan deprimido". E idolatras todas esas cosas falsas.

Me gustaría que fueras a todos los lugares en donde se te quedó pegada la vergüenza, y tomaras esos ídolos falsos y los destruyeras. Tú sólo dices: "No, ya no los idolatro. Tal vez me surja de vez en cuando, por algún motivo, pero voy a dejar que pase y mantendré mis ojos en el Señor".

Es una verdadera afirmación: "Mantengo mi mirada puesta en ti, Señor, solamente en ti. Voy a mirar a otra gente, pero mantendré mis ojos en ti. Mantendré mi visión interna en ti". Cuando haces eso, tal vez te tropieces y caigas, pero ni te enteras. Te levantas y sigues caminando y ni siquiera te lastimaste. Pero tan pronto te enfocas en donde te caíste y lo que te dolió y lo que se torció, ese enfoque parece

Deja Ir la Vergüenza

(Continuación)

amplificarlo tu conciencia hasta que se vuelve muy, pero muy doloroso.

Llévate contigo el pensamiento de que vas a mantener tu mirada en el Señor. Y si no estás seguro de dónde está el Señor, sigue mirando, porque ahí está. Siempre ha estado ahí. Y eso es lo maravilloso de todo esto.

La Ternura del Cristo

$\mathscr{S}$é que la acción del Cristo producirá en mí una ternura como la de una nube suave.

Si pones tu mano en un balde de agua y luego la sacas, el hueco que queda es como la impresión que alguien deja en mí cuando el Cristo está presente. No le impide a nadie que ponga la mano en él, pero no sucede nada a consecuencia de eso.

Así que, en cierto sentido, eres totalmente vulnerable en el Cristo y estás perfectamente protegido. Y aprendes a vivir así, porque siempre estás yendo y viniendo dentro de eso. Siempre está ahí. Cuando te duermes, cuando te despiertas, siempre está ahí.

Lo Nuevo

*J*esucristo nació en un pesebre, lo que quiere decir que donde sea que nos encontremos, allí es donde nacemos.

Ahora mismo, estés donde estés dentro de ti, puedes comenzar a renacer, a cristificarte otra vez.

Para que así sea, debe haber inocencia. Para que haya inocencia, debe haber ingenuidad. Para que haya ingenuidad, debe haber olvido. Y para que haya olvido, necesitas haber perdonado.

Y así entramos en la acción del Cristo, que es perdonar y también olvidamos. Entramos en la conciencia de lo nuevo y la inocencia y, una vez más, Cristo nace entre nosotros.

Di Palabras Bondadosas

$\mathcal{D}$i palabras bondadosas, di palabras amables, háblale a la salud y al sentido de prosperidad de cada uno, no como una panacea, no como una actitud de Poliana, sino como una verdad divina que es así.

Toda negatividad no hace más que señalarnos lo que debemos trabajar a continuación y llevarlo hacia la Divinidad, hasta que un día, y de verdad así será, todo será Divino y así lo reconoceremos. La negatividad continuará existiendo y seguirá existiendo la positividad, pero nosotros lo veremos todo igualmente como Divino.

Ésa es nuestra herencia.

Baruch Bashan

Y a través de toda la eternidad,
yo te perdono a ti,
tú me perdonas a mí.

William Blake

Sobre el Autor

Maestro y conferenciante de trayectoria internacional, John-Roger, D.C.E.[1] es una inspiración en la vida de muchas personas alrededor del mundo. Durante más de cuatro décadas su sabiduría, buen humor, sentido común y amor han ayudado a muchas personas a descubrir al Espíritu en ellas mismas, a sanar y a tener paz y prosperidad.

Con dos libros escritos en colaboración en la lista de libros más vendidos del *New York Times*, y con más de cuarenta libros sobre autoayuda y materiales en audio, John-Roger ofrece un conocimiento extraordinario en una amplia gama de temas. Es fundador y consejero espiritual de la iglesia sin denominación de culto, *Movement of Spiritual Inner Awareness* (Movimiento del Sendero Interno del Alma - MSIA), que se enfoca en la Trascendencia del Alma, fundador y primer presidente, y actualmente canciller de la *Santa Monica University* (Universidad de Santa Mónica), fundador y canciller del *Peace Theological Seminary & College of Philosophy* (Seminario Teológico y Escuela de Filosofía Paz - PTS), canciller de la *Insight University* (Universidad) y fundador y consejero

---

1   Doctor en Ciencia Espiritual, programa de postgrado ofrecido por el *Peace Theological Seminary & College of Philosophy*, www.pts.org.

espiritual del *Institute for Individual and World Peace* (Instituto para la Paz Individual y Mundial - IIWP) y de *The Heartfelt Foundation* (Fundación *Heartfelt*). John-Roger ha dado más de seis mil conferencias y seminarios en todo el mundo, muchos de los cuales se transmiten a nivel nacional (EE.UU.) en su programa de televisión por cable, *That Which Is* , a través de *Network of Wisdoms*. Ha aparecido en numerosos programas de radio y televisión y ha sido invitado estelar en el programa *Larry King Live*. También es co-autor y co-productor de las películas *Spiritual Warriors* (Guerreros Espirituales), *The Wayshower* (El Guía Espiritual) y *The Mystical Traveler* (El Viajero Místico).

Educador y ministro de profesión, John-Roger continúa transformando vidas, al educar a las personas en la sabiduría del corazón espiritual.

Para más información sobre John-Roger, visita el sitio web www.john-roger.org

Recursos y Materiales Adicionales de Estudio

Los siguientes libros y materiales en audio pueden ayudarte a profundizar más en las ideas expuestas en el presente libro, Perdonar: La Llave del Reino. Para ordenar los libros, CD's y DVD's, ponte en contacto con el MSIA llamando al (323) 737-4055 (EE.UU.), envía un e-mail a pedidos@msia.org, o simplemente visita nuestra tienda en línea en www.msia.org

LIBROS

Momentum: **Dejar que el Amor Guíe** – Prácticas Simples para La Vida Espiritual *(con Paul Kaye, D.C.E.)*

Con todo lo que nos gustaría tener los aspectos más importantes de nuestra vida (relaciones, salud, finanzas y profesión) totalmente resueltos y funcionando perfectamente, la realidad es que, para la mayoría de nosotros, siempre hay algo que no está equilibrado y, a menudo, eso nos causa estrés y preocupaciones. En lugar de resistir o lamentar esta situación, aprendemos en este libro que la falta de equilibrio conlleva una cierta sabiduría. Donde hay falta de equilibrio, hay movimiento, y ese movimiento "da pie a una vida dinámica, comprometida, llena de aprendizaje, creatividad y crecimiento".

Podemos descubrir, precisamente en los aspectos en los que experimentamos la mayoría de nuestros problemas y desafíos, la mayor cantidad de movimiento y la mayor oportunidad para el cambio.

El planteo es no insistir en que la vida funcione. La vida ya funciona. La gran clave es cómo introducimos el amor en ella. El tema de este libro es cómo amar en el momento. Es un curso sobre el acto de amar.

El Descanso Pleno - Encontrando Reposo en el Bienamado *(con Paul Kaye, D.C.E.)* ¿Qué si descubres que el descanso tiene que ver más con una actitud que con una acción y que es posible disfrutar de todos los beneficios del descanso, tanto internos como externos, mientras ejecutas tus actividades diarias, independientemente de lo ocupado que estés? He aquí las buenas noticias: Eso es cierto, y además, posible.

Si alguna vez has dicho que te vendría bien un descanso, este libro es el indicado para ti. Empieza ahora mismo y hazlo por el resto de tu vida.

¿Cuándo Regresas A Casa? Una Guía Personal Para La Trascendencia Del Alma *(con Pauli Sanderson, D.C.E.)*

Relato profundo sobre el despertar espiritual, que contiene todos los ingredientes de una narrativa de aventuras. ¿Cómo adquirió John-Roger la conciencia que lo identifica verdaderamente? Explica también que John-Roger encara la vida como un científico en un laboratorio, descubriendo maneras de integrar lo sagrado con lo mundano, lo práctico con lo místico, y discerniendo lo que funciona y lo que no lo hace. Junto con relatos fascinantes, en este libro encontrarás muchas claves prácticas que te ayudarán a mejorar tu vida, a sintonizarte con la fuente de sabiduría que está presente en ti todo el tiempo y a conseguir que cada día te impulse con mayor fuerza en tu emocionante aventura de regreso a casa.

¿Cómo Se Siente Ser Tú? Vivir La Vida Como Tu Ser Verdadero *(con Paul Kaye, D.C.E.)*

"¿Qué pasaría si dejaras de hacer lo que piensas que deberías estar haciendo y comenzaras a ser quien eres?".

Este libro ofrece ejercicios, meditaciones y explicaciones que te permitirán profundizar y explorar tu verdadera identidad. Viene con un CD inédito: "Meditación para el Alineamiento con el Verdadero Ser".

El Guerrero Espiritual: El Arte De Vivir Con Espiritualidad

Lleno de sabiduría, humor, sentido común y herramientas prácticas para la vida espiritual, este libro ofrece consejos útiles para tomar la vida en nuestras manos y mejorar nuestra salud, ser más felices y tener mayor abundancia y amor. Convertirse en un guerrero espiritual no tiene nada que ver con la violencia. Implica usar las cualidades positivas del guerrero espiritual que son: intención, implacabilidad e impecabilidad para contrarrestar los hábitos negativos y las relaciones destructivas, especialmente cuando uno se enfrenta a adversidades mayores.

El Tao del Espíritu Esta colección de escritos, hermosamente diseñada, tiene el propósito de liberarte de las distracciones externas del mundo y guiar tu retorno a la quietud interna. El Tao del Espíritu puede proporcionar una inspiración diaria y nuevas maneras de enfocar el manejo del estrés y la frustración. ¡Qué forma tan bella de comenzar y finalizar el día, recordar que hay que dejar ir los problemas cotidianos y dejarse refrescar por la fuente que yace en el centro de tu existencia! Muchas personas usan este libro para prepararse a meditar u orar.

Los Mundos Internos de la Meditación

En esta guía de autoayuda para la meditación, las prácticas meditativas se transforman en un recurso muy valioso para explorar los reinos espirituales y para manejarse en la vida con mayor efectividad. Se incluyen una variedad de meditaciones que pueden ser usadas para ganar conciencia espiritual, lograr una relajación más profunda, equilibrar las emociones y aumentar la energía.

Amando Cada Día Para los Que Hacen la Paz

¿La paz? Es una idea noble, pero al parecer una realidad muy elusiva.La paz entre las naciones se construye sobre la base de la paz entre los individuos, y la paz entre los individuos depende de la paz interior de cada persona. *Amando Cada Día Para los que Hacen la Paz* guía a los lectores a que lleguen a sus propias soluciones para experimentar una paz más completa, dando a la paz un sentido más profundo que el de una mera teoría o un concepto.

Protección Psíquica
En este libro, John-Roger describe algunos de los niveles invisibles: el poder de los pensamientos, el inconsciente, la energía de los elementales y la magia. Pero más importante que eso, explica cómo protegerse contra la negatividad que puede ser parte de dichos niveles. Si practicas las técnicas simples descritas en este libro, podrás crear una sensación mayor de bienestar dentro de ti y en tu entorno.

Para ordenar los libros de John-Roger, ponte en contacto con el MSIA llamando al (323) 737-4055 (EE.UU.), enviando un e-mail a pedidos@msia.org, o simplemente visitando nuestra tienda en línea en www.msia.org

MATERIALES
EN AUDIO

Los Mundos Internos de la Meditación

Paquete de tres CD's con meditaciones guiadas por los Viajeros Místicos, cuyo objetivo es alcanzar una paz más profunda y un bienestar mayor, expandiendo nuestra conciencia espiritual.

El Guía Espiritual

En este paquete, compuesto por cuatro seminarios en CD, puedes escuchar de labios de John-Roger, las historias sobre su viaje espiritual y que inspiraron la publicación del libro bajo el mismo nombre. Los seminarios que se incluyen son: En Busca de un Maestro; El Maestro y el Charco de Lodo; Mi Reino por un Caballo y El Ser Verdadero. Las historias son graciosas y conmovedoras, y apuntan al mensaje profundo del trabajo espiritual que John-Roger ha venido a hacer.

Las Meditaciones Gozosas

En este paquete compuesto por cuatro CD's, nos deleitamos con un conjunto de doce meditaciones de uso personal. Cada una cumple con un propósito bien específico. Algunas sirven para armonizar las emociones y la mente, otras para tranquilizar el cuerpo físico; varias de ellas se enfocan en la respiración y otras te ayudan a ver que eres uno con Dios y que todo es perfecto.

Nuestra Canción de Amor y el Cántico del Anai-Jiú

Este CD te ayudará a familiarizarte con un mantra del nombre de Dios, precedido de una plegaria de John-Roger, llamada "Nuestra Canción de Amor". Contiene, además, el cántico del *Ani Hu* (pronunciado anai jiú en español), entonado por estudiantes del MSIA.

Serie SAT

Te invitamos a suscribirte a nuestra Serie SAT, lo que te permitirá sumergirte más profundamente en las enseñanzas del Viajero Místico de una manera maravillosa. Se trata de una suscripción anual (de uso personal) de doce CD's de seminarios grabados y distribuidos todos los meses a tu dirección personal. Los CD's de la serie SAT son una herramienta de apoyo de incalculable valor en el camino de la Trascendencia del Alma. Estos seminarios también están disponibles en formato de MP3 y pueden ser descargados en tu computador de forma prácticamente instantánea, de esa manera te ahorras los gastos de envío e impuestos locales.

Los siguientes materiales en audio son parte de esta serie:

Pon a Prueba al Viajero, Pon a Prueba las Enseñanzas: Como dice John-Roger: "Debes verificar lo que yo digo y poner a prueba mis enseñanzas. Nunca le he dicho a nadie que me crea o que confíe en mí. Sería una tontería. No me preocupa si crees o no en lo que yo diga. Si quieres llegar a la verdad, debes ponerlo todo a prueba y verificarlo tú mismo".

Aprender a Ser un Estudiante: La conciencia que te habla no es la de un amigo personal, la conciencia que te habla es la Conciencia del Viajero Místico.

La Jornada del Alma: ¿Te gustaría saber más acerca de quién eres en verdad y del proceso que realizas como Alma? En esta hermosa combinación de extractos, John-Roger describe de manera simple el viaje del Alma, descendiendo desde nuestra morada en el Reino del Alma a través de los diferentes niveles de conciencia.

Además, los pacíficos interludios musicales intercalados en el seminario te inspiran a ir más profundo en tu interior y a pasar un tiempo en silencio con tu Alma.

Para ordenar los materiales en audio de John-Roger, ponte en contacto con el MSIA llamando al (323) 737-4055 (EE.UU.), enviando un e-mail a pedidos@msia.org, o simplemente visitando nuestra tienda en línea en www.msia.org

DISERTACIONES DEL CONOCIMIENTO DEL ALMA
UN CURSO SOBRE LA TRASCENDENCIA DEL ALMA

Las *Disertaciones del Conocimiento del Alma* tienen como propósito enseñar la Trascendencia del Alma, que es tomar conciencia de que somos un Alma y uno con Dios, pero no en teoría, sino como una realidad viviente. Ellas están dirigidas a personas que buscan un enfoque sistemático en su desarrollo espiritual y que el mismo se prolongue en el tiempo.

Las *Disertaciones del Conocimiento del Alma* son un conjunto de doce cuadernillos que se estudian y contemplan de a uno por mes. A medida que vas leyendo cada una de las Disertaciones, la conciencia de tu esencia divina puede activarse y tu relación con Dios profundizarse.

Espirituales en esencia, las Disertaciones son compatibles con cualquier creencia religiosa. De hecho, la mayoría de sus lectores considera que las Disertaciones apoyan su experiencia en el sendero, filosofía o religión que hayan elegido seguir.

En palabras simples, las Disertaciones tratan sobre verdades eternas y hablan de la sabiduría del corazón.

El primer año de Disertaciones aborda temas que van desde la creación del éxito en el mundo hasta el trabajo de la mano del Espíritu.

La serie de doce Disertaciones para un año tiene un valor de US$100 (cien dólares). El MSIA está ofreciendo el primer año de Disertaciones a un precio de introducción de US$50 (cincuenta dólares). Las Disertaciones vienen con una garantía de devolución de dinero sin cuestionamientos. Si en algún momento decides que estos estudios no son para ti, simplemente devuelve la serie completa y recibirás el reembolso total de tu dinero.

Para ordenar las Disertaciones y la serie SAT, ponte en contacto con el MSIA llamando al (323) 737-4055 (EE.UU.), envía un e-mail a pedidos@msia.org, o simplemente visita nuestra tienda en línea en www.msia.org